어린이 삼국사기 편찬위원회 글 | 최수웅 그림
한국역사연구회 추천 및 감수

주니어 김영사

머리말

《어린이 삼국사기》를 읽는 어린이들에게

자랑스러운 민족 문화를 깨닫는 첫걸음

 우리가 조상들의 삶을 알 수 있는 것은 우리에게 남아 있는 유물과 유적을 보고서 가능하지요. 그 중에서도 글로 남아 있는 책은 정말 소중한 역사 유물입니다.

우리나라 역사에 관심을 갖게 되면, 조상들이 훌륭한 민족 문화를 지켜 온 것에 대해 저절로 자랑스러운 마음이 생기고 뿌듯해진답니다. 만일 조상이 잘못한 점을 발견하게 되더라도, 우리는 다시 그런 잘못을 되풀이하지 않도록 조심하면 됩니다.

이러한 점에서 이번에 새롭게 엮은 《어린이 삼국사기》는 어린이들이 우리 역사에 관심을 가질 수 있도록 알기 쉽게 꾸몄어요. 《어린이 삼국사기》는 고구려, 백제, 신라 때의 왕들과 충신들 등이 나라를 다스릴 때에 일어났던 일을 중심으로 엮은 거예요.

《어린이 삼국사기》를 통해서 우리 조상들이 어떻게 살았고, 무슨 생각을 했는가를 알게 될 거예요. 그것이 바로 우리의 자랑스러운 민족 문화를 깨닫는 첫걸음입니다. 아울러 우리의 역사를 이해하면서 우리의 마음과 눈은 좀 더 넓어지고 깊어질 겁니다.

어린이 삼국사기 편찬위원회

인물의 삶으로 읽는 역사의 큰 흐름

우리는 현재를 살고 있으며, 마땅히 현재에 충실한 삶을 가꿔야 합니다. 그런데 현재는 홀로 존재하는 것이 아니라, 과거와 떼려야 뗄 수 없는 밀접한 관계입니다. 따라서 과거, 즉 역사를 알아야 비로소 현재를 온전하게 살아갈 수 있어요. 그런데 역사를 따분하고 어렵게 생각하는 어린이들이 많아서 우리나라 역사에 대해 제대로 알지 못하는 어린이들이 많아요.

이번에 주니어김영사에서 출간한 '처음 읽는 우리 역사' 시리즈는 주요 역사서를 기본 토대로 인물 중심으로 역사를 구성했어요. 인물을 중심으로 한 구성은 인물의 삶에 동화되어 역사의 흐름을 실감나게 느끼도록 해 주지요. 게다가 인물의 삶에 드러난 역사의 흐름을 조목조목 짚어 주어, 어린이들도 쉽게 역사적인 사실을 알 수 있습니다.

어린이들이 이 시리즈를 통해 역사에 더욱 가까이 다가가고, 그로 인해 모든 사람들의 노력이 결실을 맺으리라 믿습니다.

한국역사연구회

 차례

어린이 삼국사기 4

지혜롭고 충성스러운 신하들

- 삼국사기에 대하여 _8

마숙 놀이로 적을 속인 거도
신라의 근심거리인 이웃 나라 _10
적을 물리친 지혜 _12

한나라 대군을 물리친 명림답부
적을 알아야 이길 수 있다 _16
지혜로 적을 물리치다 _20

농부에서 재상이 된 을파소
마음 속에 큰 꿈을 지니다 _22
때를 기다리다 _27
백성을 불쌍히 여기다 _30

나라를 되찾은 밀우와 유유
목숨을 아까워하지 않은 밀우 _32
훌륭한 계획으로 나라를 구한 유유 _35

바른말을 한 창조리
인재를 뽑다 _40
목숨을 걸고 바른말을 하다 _44
새 왕을 세우다 _47

산 속으로 들어간 물계자
공을 내세우지 않다 _50

꾀로써 우산국을 정복한 이사부
나라를 위해 꾀를 내다 _56
우산국을 정복하다 _60

은혜에 보답한 거칠부
큰 뜻을 품다 _64
은혜를 갚다 _71

죽은 뒤에도 나라를 걱정한 김후직
바른말을 하다 _74
죽어서까지 충성하다 _78

정직한 죽음을 택한 검군
옳지 않은 일에 가담하지 않다 _82
억울하게 죽다 _85

변명보다 귀양을 택한 실혜
성품이 곧아 바른길을 가다 _90
억울하게 떠나는 귀양길 _93

당나라에서도 이름을 떨친 김인문
학문, 예술, 무술을 깨우치다 _96
당나라에서 이름을 떨치다 _98
백제를 물리치다 _99
고구려를 무너뜨리다 _101

바른말로 병을 치료한 녹진
바른말을 하기 위해 때를 기다리다 _104
마음의 병을 고치다 _106

신무왕의 즉위를 도운 김양
백성에게 칭송을 받다 _110
어질고 슬기로운 임금을 세우다 _115

하나, 《삼국사기》는 어떻게 만들어졌나요?
둘, 《삼국사기》는 어떻게 이루어져 있나요?
셋, 《삼국사기》의 내용은 무엇일까요?
넷, 《삼국사기》를 지은 김부식은 누구일까요?
다섯, 《삼국사기》의 특징은 무엇일까요?

넷, 《삼국사기》를 지은 김부식은 누구일까요?

김부식(1075~1151)은 신라 왕실의 후예예요. 신라가 망할 무렵 김부식의 조상이 고려 태조에게 귀의하여 경주 지방의 행정을 담당하는 벼슬에 임명되었어요.

아버지 때부터 중앙 관료로 일했지만 아버지는 일찍 돌아가시고 김부식은 13, 14세 무렵부터 어머니 밑에서 컸어요. 후에 4형제 모두 과거에 합격하여 중앙 관료로 진출했는데, 4형제가 모두 과거에 합격했다 하여 김부식의 어머니는 훌륭한 어머니로 해마다 정기적으로 임금이 내려주는 곡식을 받았지요.

김부식은 22세 때인 숙종 1년(1096)에 과거에 급제하여 이후 20여 년 동안 한림원 등에서 일하면서 학문을 닦았어요. 또 예종과 인종에게 강의하는 일도 맡았지요.

김부식은 유교 윤리의 실천을 주장하고 자신도 배운 것을 지키고자 노력한 유학자였어요. 그래서 한때 왕도 건드릴 수 없을 정도로 세력이 강했던 이자겸이 예에 어긋난 일을 하려고 하자 끝까지 반대했어요. 이렇듯 유교를 중시하는 김부식의 생각은 《삼국사기》에서도 잘 나타나 있어요.

김부식은 '이자겸의 난'을 거치면서 재상으로 승진해 인종 18년 (1140)까지 재상을 지냈어요. 송나라에도 두 번이나 사신으로 다녀와 중국의 문화를 직접 살펴보기도 했지요. 그 후 서경 천도설을 주장한 묘청 일파의 난을 진압한 공으로 높은 벼슬에 오르게 되었어요.

김부식이 관직에서 물러나자 인종은 그를 도와 줄 8명의 젊은 관료를 보내어 《삼국사기》를 편찬하라고 명했어요. 김부식은 인종이 죽기 직전에 50권의 《삼국사기》를 편찬했지요.

김부식은 《삼국사기》 외에도 인종 초년에는 《예종실록》을, 의종 초년에는 《인종실록》의 편찬을 주도했어요. 김부식이 지은 20여 권의 문집은 현재 전하지 않지만, 《동문수》와 《동문선》에 실린 글을 통해 문장이 뛰어나다는 평가를 받고 있어요.

송나라 서긍도 《고려도경》에서 김부식을 '학식이 넓고 아는 것이 많아 글을 잘 짓고 고금을 잘 알아 학사로 뛰어나니 능히 그보다 위에 설 사람이 없다.'라고 평했어요.

마숙 놀이로 적을 속인
거도

거도는 힘으로 맞붙으면 싸움에서 진다는 것을 알고 훌륭한 꾀를 생각해 냈습니다. 거도는 군졸들에게 늦가을 넓은 벌판에 말 떼를 모아 놓고, 말을 타고 달리면서 놀라고 했습니다. 당시 사람들은 이 놀이를 마숙이라 했습니다.

🌸 신라의 근심거리인 이웃 나라

신라 제4대 탈해왕이 나라를 다스리던 때의 신라는 서라벌(지금의 경상북도 경주)을 중심으로 한 조그만 나라였습니다. 땅은 좁고 백성도 얼마 되지 않아 나라의 힘이 보잘 것 없었습니다.

당시 신라의 이웃에는 우시산국(지금의 울산광역시에 위치함)과 거칠산국(지금의 부산광역시 동래에 위치함)이라는 나라들이 있었습니다.

우시산국과 거칠산국은 신라의 영토를 서로 차지하려고 앞을 다투어 침입하여 탈해왕은 잠시도 마음을 놓을 수가 없었습니다. 더구나 우시산국과 거칠산국은 신라를 얕잡아 보고 있었습니다. 두 나라 군사들은 제멋대로 신라 국경을 넘나들며 싸움을 걸었습니다.

탈해왕에게는 우시산국과 거칠산국이 여간 근심거리가 아니었습니다.

이 때 거도라는 사람이 나타났습니다. 거도는 매우 슬기로운 사람이었습니다. 또한 생각이 깊고 앞을 내다보는 지혜가 있었습니다.

탈해왕은 거도에게 간이라는 벼슬을 주었습니다. 그리고 우시산국, 거칠산국과 이웃해 있는 국경 지방을 다스리게 했습니다.

"우시산국과 거칠산국은 오랫동안 우리나라를 괴롭히고 있소. 두 나라가 싸움만 안 걸어오면 모든 백성이 편히 살 것이오. 그러니 그대는 부디 그 곳을 잘 지키어, 나라의 큰 근심을 막아 주도록 하오. 나라와 백성의 평안함이 오직 그대에게 달려 있음을 명심하오."

"황공하옵니다. 나라를 위해 이 한 몸을 기꺼이 바치겠습니다."

거도는 이렇게 맹세하고 국경 지방으로 향했습니다.

🌺 적을 물리친 지혜

자신만만하게 국경 지방으로 오기는 했지만 거도는 사실 불

안하고 초조했습니다. 우시산국과 거칠산국 군사들이 언제 쳐들어올지 알 수가 없었던 것입니다.

그러나 싸움이란 반드시 힘으로만 이길 수 있는 것이 아니라 오히려 꾀가 더 중요할 때도 있습니다. 거도는 우시산국, 거칠산국과 힘으로 맞붙으면 싸움에서 질 것이라는 것을 알고 훌륭한 꾀를 생각해 냈습니다.

거도는 군졸들에게 늦가을 넓은 벌판에 말 떼를 모아 놓고,

말을 타고 달리면서 놀라고 했습니다. 당시 사람들은 이 놀이를 마숙이라 했습니다.

신라 군사들이 마숙 놀이를 하는 광경을 처음 본 우시산국과 거칠산국 군사들은 의아하게 생각했습니다.

"신라가 우리나라를 침략하기 위해 군사 훈련을 하고 있는 게 분명해!"

두 나라의 군사들은 이렇게 수군거렸습니다.

우시산국과 거칠산국 군사들은 밤낮으로 거도의 행동을 살폈습니다. 그러나 의심 가는 행동은 전혀 보이지 않았습니다.

거도는 해마다 가을철이 되면 한두 번씩 그렇게 말달리기 시합을 벌였습니다.

이제 우시산국과 거칠산국에서는 거도를 의심하지 않게 되었습니다. 거도는 바로 이렇게 되기를 노렸습니다.

몇 해가 지나자, 신라 군사들은 모두 말을 잘 타게 되었고 또한 매우 용맹스러워졌습니다.

해마다 말달리기 시합을 핑계로 훈련을 거듭해 온 결과였습니다. 그러나 우시산국과 거칠산국은 거도의 숨은 계획을 몰랐습니다. 우시산국과 거칠산국은 국경 지방의 경계조차 제대로 하지 않았습니다.

그 틈을 타서, 거도는 군사를 크게 일으켜 별안간 두 나라로 쳐들어갔습니다. 신라를 얕잡아 보고 떵떵거리던 우시산국과 거칠산국의 왕은 당황하여 어쩔 줄 모르고 허둥댔습니다. 거도가 이끄는 군사들은 단숨에 우시산국과 거칠산국에게 항복을 받아 내고 두 나라를 신라의 영토로 삼았습니다.

신라가 강해진 것은 거도와 같은 훌륭한 인물이 많이 있었기 때문이었습니다.

한나라 대군을 물리친
명림답부

시간이 흐르면서 한나라 군사들은 점점 굶주림과 피로에 지쳐 갔습니다. 한나라 군사들은 마침내 힘없이 자기네 나라로 돌아가기 시작했습니다. 이 틈을 노려 명림답부는 수천 명의 군사들을 이끌고 한나라 군사들의 뒤를 추격했습니다.

적을 알아야 이길 수 있다

명림답부는 고구려 제8대 신대왕 때의 재상이었습니다. 명림답부는 생각이 넓고 깊었습니다. 또한 경험이 풍부하고 학식과 덕망이 높아, 나라 안에서는 명림답부를 따를 사람이 없었습니다.

중국 한나라의 현도군 태수 경림이 대군을 이끌고 고구려를 침범하려 할 때였습니다.

"이 일을 장차 어찌하면 좋겠소? 전쟁이 벌어지면 싸우거나 지켜야 할 텐데, 어느 쪽이 유리할지 말해 보오."

신대왕이 근심스레 물었습니다.

그러자 신하들은 입을 모아 말했습니다.

"한나라는 우리를 우습게 보고 있습니다. 마땅히 싸워야 합니다. 만일 지키기만 한다면 적은 우리가 미리 겁을 먹고 있다고 생각하고 자주 침략해 올 것입니다. 우리나라는 산이 매우 험하고 길이 좁습니다. 우리나라의 지형을 이용하여 적군과 싸운다면 우리가 이길 수 있사옵니다. 그러하오니 한나라의 병사가 많다고 너무 염려하지 아니하여도 될 줄로 아뢰옵니다. 한나라는 결코 우리를 이기지 못할 것이옵니다. 군사를 출동시켜 적을 막아 내도록 하옵소서."

신대왕은 좋은 방법이라고 생각했습니다.

그러나 이 때 명림답부가 앞으로 나서며 이렇게 말했습니다.

"신이 생각한 바로는 그렇지가 않사옵니다. 한나라는 국토가 넓고 인구가 많습니다. 또한 한나라의 날카로운 기세를 당해 낼 수가 없습니다. 군사가 많은 쪽은 싸워야 하고 군사가 적은 쪽은 지켜야 하는 것이 병법의 진리이옵니다. 한나라 군사들은 천리 길에 식량을 운반해 왔으므로 오래 싸울 수가 없을 것이옵니다. 군사는 많은데 식량은 운반하기 어려우니 그 결과가 뻔하지 않사옵니까. 그러하오니 우리는 성 둘레에 구덩이를 깊이 파고, 성벽을 높이 쌓아야 합니다. 그리고 들판의 곡식들을 모두 거둬들이고 기다려야 합니다. 그렇게 하면 굶주리고 지친 적들은 보름도 못 되어서 저절로 물러

나고 말 것이옵니다. 그 때 우리가 맹렬히 추격하면 작은 힘으로도 큰 승리를 거둘 수 있지 않겠사옵니까?"

명림답부의 말을 듣고 신대왕은 무릎을 치며 감탄했습니다.

"과연 경의 계획은 놀랍도다. 경의 말대로 하겠다!"

신대왕은 모든 군사들에게 명을 내려 성문을 닫고 굳게 지키게 했습니다.

지혜로 적을 물리치다

한나라 병사들은 기를 쓰고 공격했습니다. 고구려의 성문을 열기 위해 수없이 많은 병사들이 달려들었습니다.

그러나 고구려 병사들은 화살 하나 쏘지 않았습니다. 고구려는 도무지 상대를 해 주지 않았습니다.

시간이 흐르면서 한나라 군사들은 점점 굶주림과 피로에 지쳐 갔습니다. 한나라 군사들은 마침내 힘없이 자기네 나라로 돌아가기 시작했습니다.

이 틈을 노려 명림답부는 수천 명의 군사들을 이끌고 한나라 군사들의 뒤를 추격했습니다. 좌원(지금의 요녕성)에서 한바탕 큰 전투가 벌어졌습니다. 한나라 군사들은 비록 수는 많았지만 이미 싸울 기력을 잃고 있었습니다. 결국 한나라 군사들은 크게 패하여 말 한 필도 살아 돌아가지 못했습니다.

신대왕은 크게 기뻐하며 명림답부에게 좌원과 질산 두 곳의 세금을 거두어 사용할 수 있게 했습니다.

명림답부는 113세까지 살다 신대왕 15년(179) 9월에 조용히 세상을 떠났습니다. 신대왕은 매우 슬퍼하여 예를 갖추어 질산에 장사를 지냈으며, 7일 동안 조용히 지냈습니다.

농부에서 재상이 된
을파소

을파소는 모든 관리들에게 백성들을 먼저 생각하고 백성들의 불평이 없도록 하라고 지시했습니다. 덕분에 백성들의 살림살이도 넉넉해지고 온 나라가 태평하게 되었습니다.

🌼 마음 속에 큰 꿈을 지니다

　을파소는 고구려 제9대 고국천왕 때 사람입니다. 을파소는 서압록곡 좌물촌이란 시골에 묻혀 농사를 지으며 살았습니다. 비록 밭을 갈고 씨를 뿌리곤 하였지만, 을파소는 결코 평범한 농부가 아니었습니다. 가슴 속에는 항상 앞날에 대한 큰 꿈을 지니고 있었습니다.

　"을파소는 훌륭한 사람이야. 두고 보라고, 반드시 큰일을 하게 될 테니까."

"암, 우리네 같은 농사꾼과는 생각하는 것부터가 달라."

"맞아, 개천에서 용 난다고 했는데, 바로 을파소를 두고 한 말인지도 몰라."

마을 사람들은 입을 모아 이렇게 칭찬했습니다.

이 무렵 고구려에서는 왕비의 친척인 어승류와 좌가려가 높은 벼슬을 차지하고 나랏일을 자기네 마음대로 했습니다. 또한 호화롭고 사치스러운 생활을 하면서 재물을 긁어모으기에만 바빴습니다.

이렇게 되자 날이 갈수록 백성들의 불만이 쌓여 갔습니다. 임금을 원망하는 소리도 높아 가고 있었습니다.

이 소식을 들은 고국천왕은 몹시 분노하여 곧 어승류와 좌가려를 잡아 목을 베라고 했습니다.

"허어, 고약한 일이로고. 나라의 중책을 맡고 있는 자들이 이렇듯 썩었다는 말인가. 당장 엄벌에 처해야겠다."

하지만 이러한 낌새를 눈치챈 어승류와 좌가려는 도망을 갔습니다. 그러고는 군사를 일으켜 왕을 몰아 내려고 했습니다.

이를 알아챈 고국천왕은 군사들을 시켜 어승류와 좌가려를 잡아 오게 했습니다. 그리고 어승류와 좌가려를 벌했습니다.
역적들을 몰아 낸 고국천왕은 온 나라에 명을 내렸습니다.
"요즈음, 이 나라에서는 무능한 자들이 권세를 잡고 부정한 방법으로 재물을 끌어모아 자신의 배를 불리고 있다. 그래서 백성들의 원성이 높아지고 있도다. 모두 과인이 잘못하여 일어

난 일이니, 매우 부끄럽게 여기는 바이다. 이제 뒤늦게나마 어질고 슬기로운 인재들을 널리 얻고자 한다. 여러 신하들과 백성들은 나라의 기둥이 될 인재들을 찾아 뽑아 올리도록 하라."

 이 때 많은 사람들이 동부의 안류를 추천했습니다. 고구려의 영토는 본래 동서남북 내 5부로 나뉘어 있었는데, 각 부에서 모두 안류를 추천했습니다. 이에 고국천왕은 안류를 불러들여 나랏일을 맡기려 했습니다.

"그대와 같은 훌륭한 인물을 얻게 되어 매우 기쁘도다. 부디 정성을 다해 나라를 다스리고 백성들을 돌보도록 하시오."

고국천왕은 매우 흡족해하며 이렇게 말했습니다.

그러자 안류는 뜻밖에도 사양하는 것이었습니다.

"아니옵니다. 소신은 그만한 덕과 재주가 없사옵니다. 또한 그런 큰일을 맡을 인물이 못 되옵니다. 저 대신 다른 사람을 추천하옵니다."

"그래, 그 사람이 누구란 말인가?"

"서압록곡 좌물촌에 살고 있는 을파소라는 사람입니다. 을파소는 유리왕 때의 대신 을소의 후손으로 성품이 곧고 지혜가 깊사오나 세상에서 알아주는 이가 없어 지금도 농부로 묻혀 살고 있습니다. 대왕께옵서 만일 나라를 올바르게 다스리고자 하신다면 을파소를 불러 맡겨 보시옵소서. 반드시 좋은 결과가 있을 것으로 믿어지나이다."

"오, 그런 훌륭한 인물이 있다니 반가운 일이오. 그렇다면 그대의 말대로 을파소에게 나랏일을 맡겨 보도록 하겠소."

고국천왕이 기뻐하며 말했습니다. 고국천왕은 즉시 을파소에게 사람을 보내어 겸손하고 정중한 예로 맞아들이게 했습니다.

때를 기다리다

고국천왕은 을파소에게 중외대부(벼슬 이름)를 내려주며 아울러 우태(벼슬 이름)로 삼고자 했습니다.

"내가 왕위를 계승하여 백성의 위에 있으나, 덕이 없고 자격이 부족해 나라를 제대로 다스릴 줄을 모르는 터이오. 허나 공은 뛰어난 재주가 있되 스스로 감추고, 시골에 묻혀 산 지 오래 되었다 들었소. 그런데 이렇게 나의 청을 저버리지 않고 선뜻 와 주니 어찌 나라와 백성의 복이 아니겠소. 이제 공의 가르침을 받으려 하니, 공은 몸과 마음을 다해 주기를 바랄 따름이오."

고국천왕은 을파소에게 간곡히 부탁했습니다.

을파소는 고국천왕의 부탁에 마음이 움직였습니다. 그러나 우태라는 벼슬로는 나라를 바로잡기 어렵다는 생각을 하고 정중히 사양했습니다.

"신 같은 부족한 사람이 어찌 그런 큰 일을 맡을 수가 있겠사옵니까? 삼가 아뢰오니, 신보다 더 훌륭한 인재를 뽑아 높은 벼슬을 내려 마음껏 일을 할 수 있도록 하시옵기 바라나이다."

고국천왕은 곧 을파소의 뜻을 짐작하고, 국상(고구려의 으뜸가는 벼슬)으로 임명했습니다.

을파소가 대뜸 국상에 오르자 높은 벼슬을 하고 있던 신하들이나 왕족들이 모두 입을 모아 시기하고 비난했습니다.

"천한 농부의 신분으로 어찌 감히 우리를 다스릴 수 있다는 말인가?"

어느 날 갑자기 나타난 을파소가 옛 신하들을 제치고 임금의 총애를 독차지하자 사람들은 을파소를 못마땅해했습니다.

이 소문은 곧 고국천왕의 귀에 들어갔습니다. 고국천왕은 신하와 귀족들을 불러 모아 놓고 이렇게 명령했습니다.

"귀한 자나 천한 자를 가릴 것 없이 누구든지 새 국상을 따르지 않는다면 엄벌에 처할 것이니 그렇게 알라."

고국천왕의 신임을 받은 을파소는 매우 감격했습니다.

을파소는 자신의 결심을 주위 사람들에게 밝혔습니다.

"사람은 모름지기 때를 기다려야 하는 법이오. 때를 못 만나면 숨고, 때를 만나게 되면 비로소 세상에 나와 벼슬에 오르는 것이 선비가 가야 할 바른길이 아니겠소. 지금 우리 대왕께옵서 나를 매우 사랑해 주시니 어찌 다시 지난날처럼 초야로 돌아갈 수 있겠소. 이제는 진실로 나라를 위해 온 힘을 바쳐야 할 때를 만난 것 같으오."

을파소는 모든 관리들에게 백성들을 먼저 생각하고 백성들의 불평이 없도록 하라고 지시했습니다.

을파소 덕분에 백성들의 살림살이도 넉넉해지고 온 나라가 태평하게 되었습니다.

백성을 불쌍히 여기다

그러던 어느 해 한여름에 서리가 내려, 많은 곡식이 자라지 못하고 죽었습니다.

백성들은 금방 무슨 안 좋은 일이 일어날 거라며 불안해했습니다. 거기에다 식량까지 부족하여 굶주림으로 고통스러워했습니다.

이 때 을파소는 고국천왕께 아뢰었습니다.

"대왕마마, 지금 백성들의 고통이 너무 심하옵니다. 나라의 창고를 열어 백성들을 구하고자 하오니 허락해 주시옵소서."

을파소의 청을 들은 고국천왕은 즉시 창고를 열어 백성들을 구제하라고 일렀습니다.

이 때부터 고구려에는 해마다 3월부터 7월 사이에 나라에서 곡식을 빌려 주는 진대법이라는 제도가 생겼습니다.

이 밖에도 을파소는 백성들을 위하여 많은 일을 했습니다. 그리하여 을파소는 백성들로부터 고구려가 낳은 훌륭한 재상이라는 칭송을 듣게 되었습니다.

나라를 되찾은
밀우와 유유

이 때 유유는 음식 그릇 속에 숨겨 가지고 온 칼을 빼어 번개같이 왕기의 가슴을 찔렀습니다. 왕기는 소리조차 지르지 못하고 곧 숨을 거두었습니다. 유유도 그 자리에서 스스로 목숨을 끊었습니다.

목숨을 아까워하지 않은 밀우

밀우와 유유는 고구려 제11대 동천왕 때 사람이었습니다.

동천왕 20년(246)에 중국 위나라의 유주자사(벼슬 이름) 관구검이 많은 군사들을 이끌고 고구려로 쳐들어왔습니다. 그들은 단숨에 고구려의 서울인 환도성을 무너뜨렸습니다.

위나라 장군 왕기는 피난을 떠난 동천왕을 재빨리 뒤쫓았습니다. 남옥저로 피난을 떠난 동천왕 일행이 함흥 지방의 죽령에 이르렀습니다.

고구려 군사들은 대부분 뿔뿔이 흩어져 버리고, 오직 밀우 한 사람만 왕의 곁을 떠나지 않고 지키고 있었습니다.

"아아, 이 일을 어찌한단 말인가? 나라의 운명이 이렇듯 바람 앞의 촛불과 같은데, 장수들은 다 어디로 숨어 버렸단 말인가?"

동천왕은 길가에 주저앉아 탄식만 할 뿐이었습니다.

이 때 밀우가 동천왕에게 말했습니다.

"폐하! 지금 우리를 추격해 오는 적군의 사기가 하늘을 찌르고 있습니다. 자칫하면 죽음을 벗어날 수가 없사옵니다. 소신이 죽기를 무릅쓰고 막아 낼 것입니다. 폐하께옵서는 먼저 이 곳을 피하시옵소서."

"오, 그대의 충성을 내 어찌 잊을 것인가. 그럼 뒷일을 부탁하노라."

동천왕이 급히 그 곳을 떠나자 밀우는 흩어져 있는 군사들을 모아 결사대를 조직했습니다. 밀우가 적군과 용감히 맞서 싸우는 동안 동천왕은 멀리 산 속으로 피했습니다.

동천왕은 뒤따라온 군사들에게 말했습니다.

"보아라. 저 싸움터에서 누가 밀우를 구해 올 것인가. 밀우를 구해 오는 사람이 있다면 내 반드시 후한 상을 내릴 것이니라."

"예, 소신이 구해 내겠습니다."

유옥구라는 병사가 앞으로 나서며 말했습니다.

"오, 어서 가서 구해 오도록 하라."

유옥구는 싸움터를 향해 달려갔습니다. 그리고 수없이 많은 시체들을 자세히 살펴보았습니다. 시체들 가운데에 정신을 잃은 밀우가 땅바닥에 엎드려 있는 것이 보였습니다.

유옥구는 기뻐하며 밀우를 등에 업고 돌아왔습니다.

동천왕은 밀우를 받아 친히 정성껏 돌보았습니다. 다행히 밀우는 얼마 뒤에 깨어났습니다.

훌륭한 계획으로 나라를 구한 유유

동천왕은 군사들을 데리고 다시 길을 떠났습니다. 깊고 험한 산길을 이리저리 숨어 다닌 끝에 드디어 남옥저에 이르렀습니다. 하지만 적군의 추격은 그 때까지도 멈추지 않고 있었습니다.

이 때 동부 사람 유유가 나타났습니다.

"형세가 매우 위급하오나 이대로 그냥 죽을 수는 없사옵니다. 소신에게 어리석은 꾀가 있사온데, 허락해 주옵소서. 만일 소신의 꾀가 성공하게 되면 그 때 대왕께옵서는 군사들과 함께 공격해 오시길 바라옵니다. 그러면 반드시 이길 수 있을 것이옵니다."

동천왕은 유유의 계획을 자세히 들었습니다.

"과연 훌륭한 계획이로다. 부디 성공하길 바라노라."

유유는 맛있는 음식을 장만하여 홀로 적군의 진지로 들어가 적의 장수를 만났습니다.

"우리 임금께서 큰 나라(위나라를 일컬음)에 죄를 짓고 도망하여 지금 바닷가에 이르렀으나, 거처할 곳이 없습니다. 장차 장군님께 항복을 하기 위해 신을 먼저 보내었습니다. 이것은 변변하지 않은 음식이오나 정성으로 가져온 것이니 받아 주십시오."

유유는 그럴 듯하게 꾸며 말했습니다.

유유의 꾀에 넘어간 왕기가 큰 소리로 말했습니다.

"하하하……, 그러면 그렇지, 내가 쫓고 있는데 도망을 가면 어디까지 가겠는가? 좋아, 좋아. 내 항복을 받아 주지. 하하하."

왕기는 한바탕 웃음을 터뜨리며 기뻐했습니다.

이 때 유유는 음식 그릇 속에 숨겨 가지고 온 칼을 빼어 번개같이 왕기의 가슴을 찔렀습니다. 왕기는 소리조차 지르지 못하고 곧 숨을 거두었습니다. 유유도 그 자리에서 스스로 목숨을 끊었습니다.

　졸지에 장수를 잃은 적군은 갈피를 잡지 못해 큰 소란이 일어났습니다. 이 소식을 전해 들은 동천왕은 군사들을 세 갈래로 나눠 단숨에 쳐들어갔습니다.

　그리하여 적군의 대부분은 죽고 나머지 군사들은 낙랑 쪽으로 도망가고 말았습니다.

　밀우와 유유의 충성심 덕분에 동천왕은 나라를 다시 찾을 수 있었습니다.

바른말을 한
창조리

창조리는 백성이 불쌍하여 잠을 이룰 수가 없었습니다. 나라의 앞날이 걱정되어 음식마저도 먹을 수 없었습니다. 창조리는 백성을 괴롭히는 임금을 더 이상 임금의 자리에 둘 수 없다고 생각하고 결단을 내렸습니다.

인재를 뽑다

창조리는 고구려 제14대 봉상왕 때의 국상이었습니다.

창조리는 나라와 임금을 위해 충성을 다했습니다.

그 무렵 나라에 큰 걱정거리가 생겼습니다. 고구려 북쪽에 있는 선비족의 추장 모용외가 틈만 나면 국경으로 쳐들어왔기 때문입니다.

봉상왕은 나라의 장래를 걱정하며 여러 신하에게 말했습니다.

"모용외가 우리나라의 국경을 자주 침범하니, 이를 어쩌면 좋겠소? 이러다가는 나라가 위태로워질 것이니, 어서 대책을 세워야겠소."

이에 창조리가 대답했습니다.

"모용외를 막아 국경을 지킬 만한 사람으로 고노자가 적격일 듯하여 추천하옵니다. 고노자는 마음이 곧고 또한 용감합니다. 외적을 막고 백성을 편안케 하는 데는 그만한 인물이 없을 것입니다. 신의 생각으로는 고노자를 그 곳 국경으로 보냄이 좋을 줄로 아뢰옵니다."

봉상왕은 창조리의 말을 듣고 즉시 고노자를 불러 신성(중국의 심양 동북쪽에 있는 성) 태수로 삼았습니다.

고노자가 북쪽 변방을 지키자 모용외는 다시는 쳐들어오지 못했습니다.

이와 같이 창조리는 나라가 어려울 때마다 훌륭한 인재를 뽑았습니다.

봉상왕 9년(300) 8월의 일이었습니다. 봉상왕은 15세 이상의 남자들을 모조리 뽑아 들이라고 명했습니다. 전국에서 강제

로 뽑혀 온 수많은 백성들이 성 안에 도착했습니다.

봉상왕은 이들에게 궁궐을 고쳐 지으라고 명했습니다. 백성들은 매일같이 힘든 일을 계속했습니다. 시간이 지나면서 궁궐을 짓던 백성들은 식량이 부족하여 굶주리게 되었습니다.

너무 힘이 들어 달아나는 사람들도 있었습니다.

날이 갈수록 봉상왕에 대한 백성들의 원망이 높아졌습니다.

신하들도 왕을 원망했습니다.

목숨을 걸고 바른말을 하다

 창조리는 더 참아서는 안 되겠다고 결심하고 봉상왕에게 아뢰었습니다. 창조리는 임금을 바로 섬기려면 바른말을 하는 것이 충신의 도리라고 여겼습니다.

 "신이 깊이 생각한 끝에 감히 대왕께 아뢰옵니다. 올해는 이상하게도 곡식이 여물지 않아 농사가 흉년입니다. 백성들은 살 곳을 잃어버려 여기저기 떠돌아다니고 있습니다. 늙은이와 어린 아이들은 돌봐 주는 사람 하나 없어 죽어 가고 있으며, 골짜기와 구렁에 시체들이 뒹굴고 있습니다."

 창조리는 봉상왕에게 계속해서 간곡히 말씀드렸습니다. 나라와 임금을 위하여 진심으로 걱정했던 것입니다.

 "아뢰옵기 황공하오나, 대왕께서는 참으로 하늘의 뜻을 두려워하셔야 하옵니다. 백성 한 사람 한 사람의 일을 근심하여 잘 살피셔야 하옵니다. 하온데, 대왕께서는 이것을 생각하지 않으시고 어찌 굶주림에 허덕이는 백성을 불러다가 궁궐 공사에 시달리게 하시옵니까? 이것은 온 백성의 부모 된 사람이

할 일과는 매우 어긋나옵니다. 더구나 이웃에 있는 강한 적이 우리나라를 넘보고 있지 않습니까? 만약 적들이 이 틈을 타서 쳐들어온다면 나라가 어떻게 되겠습니까? 대왕께서는 이 점을 깊이 생각하시옵소서."

온 나라에 흉년이 들어 백성들의 생활이 어려운데 봉상왕은 자신의 욕심만 채웠던 것입니다.

그러나 봉상왕은 나라를 걱정하는 창조리에게 도리어 화를 냈습니다.

"국상은 무슨 소리를 하는가? 임금은 예나 지금이나 모든 백성들이 우러러보는 몸이오. 그러니 임금이 거처하는 궁궐은 웅장하고 화려해야 되오. 그렇지 않으면 백성들에게 위엄을 보일 수 없게 되오. 국상은 나를 나쁘게 말하여 백성들에게 칭찬을 듣고자 하는구려."

창조리는 가슴이 미어지는 것 같았습니다. 임금이 나라를 바르게 다스리지 아니하는데, 그냥 보고 넘긴다면 신하의 도리가 아니었습니다.

"임금이 백성을 불쌍히 여겨 돌보지 않으시면 어질고 자애로운 임금이 되지 못하옵니다. 또 신하로서 임금께 옳고 바른 일을 말씀드리지 못하면 충신이 되지 못하옵니다. 신이 대왕을 모시고 국상의 자리에 있으면서, 아뢰지 않을 수 없기에 아뢰었을 뿐이옵니다. 어찌 백성들로부터 칭찬을 받으려고 한 짓이겠습니까?"

창조리는 다시 간곡히 말씀드렸습니다.

그러나 봉상왕은 조금도 마음을 돌이키지 않았습니다.

"국상은 왜 백성을 위해 목숨을 버리려고 하는가? 목숨이 아까우면 다시는 그런 말을 하지 마시오."

봉상왕은 화가 나서 크게 꾸짖었습니다.

봉상왕의 꾸지람을 들은 창조리는 잠자코 물러나왔습니다. 아무리 해도 봉상왕이 잘못을 바로잡으려는 뜻이 없음을 잘 알았기 때문입니다.

❁ 새 왕을 세우다

창조리는 백성이 불쌍하여 잠을 이룰 수가 없었습니다. 나라의 앞날이 걱정되어 음식마저도 먹을 수가 없었습니다.

창조리는 백성을 괴롭히는 임금을 더 이상 임금의 자리에 둘

수 없다고 생각하고 결단을 내렸습니다.

　창조리는 여러 신하들과 회의를 열어 몇 날 밤을 새우며 계획한 바를 모두 말했습니다.

　다른 여러 신하들도 죽을 각오를 하고 정의로운 창조리의 뜻을 따랐습니다. 백성을 굶어 죽게 할 수 없다는 생각에서였습니다.

　봉상왕을 내쫓고 새로운 왕을 세우려는 창조리의 계획은 마침내 성공을 거두었습니다.

　백성을 걱정하지 않고 충신의 올바른 말을 듣지 않던 봉상왕은 스스로 목숨을 끊었습니다.

　이에 창조리는 왕의 조카 을불을 모셔 와 왕위를 잇게 했습니다. 을불은 고구려 제15대 미천왕이 되었습니다.

산 속으로 들어간
물계자

물계자는 이 때도 선두에 서서 용감히 싸웠습니다. 물계자는 목숨을 돌보지 않고 혼자서 수십 명의 적을 베었습니다. 그런데 이번에도 어쩐 일인지 물계자의 공은 전혀 알려지지 않았습니다. 물계자는 머리를 풀고 가야금 하나만 든 채 집을 떠나 사체산으로 들어갔습니다.

🌸 공을 내세우지 않다

신라 제10대 내해 이사금(왕의 다른 칭호) 때 물계자라는 사람이 있었습니다. 물계자는 가난하고 이름 없는 집안에서 태어났지만, 성격이 활달하고 큰 뜻을 지니고 있었습니다.

"물계자는 반드시 큰 인물이 될 거야. 하는 행동이 여느 젊은 이들과는 다르거든……."

물계자를 아는 사람들은 모두 이렇게 말했습니다.

내해 이사금 14년(209) 7월에 골포국(지금의 경상남도 창원),

칠포국(지금의 경상남도 사천), 고사포국(지금의 경상남도 고성) 등 8국이 서로 동맹을 맺고, 아라국(지금의 경상남도 함안)으로 쳐들어 왔습니다.

이 때 아라국 사신이 신라로 와서 구원을 청했습니다.

내해 이사금은 태자(왕의 아들) 우로와 이찬(벼슬 이름) 이음에게 가서 도와 주라는 명을 내렸습니다.

태자 우로와 이찬 이음은 6부의 군사들을 이끌고 아라국으로 달려가 8국의 군사를 물리쳤습니다.

물계자는 이 싸움에서 누구보다 용감히 싸워, 가장 큰 공을 세웠습니다. 하지만 물계자는 태자 우로와 이찬 이음에게 미움을 받아 싸움에서 세운 공이 전혀 기록되지 않았습니다.

이 소식을 들은 주위 사람들이 물계자를 위로했습니다.

"이번 전쟁에는 뭐니뭐니해도 그대의 공이 으뜸이었네. 그런데도 전혀 기록이 되지 않았으니, 매우 원망스러울 게야."

"허허허, 무슨 원망이 있겠소. 나는 다만 내가 해야 할 일을 했을 따름이오……."

물계자는 오히려 웃으며 말했습니다.

"아닐세. 가만히 있을 게 아니라, 임금님께 마땅히 아뢰어야 할 걸세. 사실은 사실대로 밝혀야 하지 않겠는가."

"무슨 소린가. 공을 자랑하고 이름을 내세우기를 좋아하는 것은 졸장부들이나 하는 짓이라네. 다만 마음을 가다듬어 조용히 뒷날을 기다릴 따름이야."

그리고 3년이 지났습니다. 다시 8국 가운데에서 골포, 칠포, 고사포 등 3국이 서로 짜고 이번에는 신라의 갈화성을 공격해 왔습니다. 이 때 임금은 직접 군사들을 거느리고 나아가 3국의 군사들을 크게 무찔렀습니다.

물계자는 이 때도 선두에 서서 용감히 싸웠습니다. 물계자는 목숨을 돌보지 않고 혼자서 수십 명의 적을 베었습니다. 그런데 이번에도 어쩐 일인지 물계자의 공은 전혀 알려지지 않았습니다.

주위 사람들은 또 안타깝게 여기며 물계자를 찾아가 위로해 주었습니다.

"허어, 아무리 나라에서 하는 일이라지만 이거야 너무 심하지 않나. 참으로 억울하이. 다른 사람은 없는 공을 꾸며서 상을 타고 벼슬도 오르는 터인데, 그대는 어찌해서 이렇단 말인가?"

"글쎄, 내 말이 그 말일세. 지난번처럼 가만히 있지 말고, 이번에는 반드시 임금님께 직접 아뢰어 보도록 하시오. 혹시 잊어버리셨는지도 모르니 말이오."

하지만 물계자는 아무 말 없이 집으로 돌아갔습니다. 그런데 집으로 돌아오자 아내마저 짜증을 내며 말했습니다.

"여보, 당신은 큰 공을 세우고서도 어찌하여 인정을 못 받는단 말이오. 다른 사람이 무슨 짓을 하든지 가만히 보고만 있으니까, 늘 그런 일만 당하는 게지요. 어서 임금님께 아뢰도록 하셔요."

물계자는 짜증 부리는 아내를 물끄러미 바라보며 말했습니다.

"거 무슨 실없는 소리요. 신하 된 도리는 나라가 위태로우면 목숨을 내놓고, 어려운 일을 당하면 자기 몸을 잊는다고 했소. 지난날 두 번의 싸움은 실로 위태롭고 어려운 일이었소. 그렇

지만 나는 목숨을 내놓고 내 몸을 잊은 채 싸우지는 못했소. 그 때 죽음으로써 뒷사람에게 그 뜻을 전해야 할 터인데, 이렇듯 목숨을 보전하여 돌아왔으니, 무슨 공이 있단 말이오. 오히려 부끄럽기 짝이 없는 일이오. 이래서야 어찌 얼굴을 들고 다닐 수가 있겠소."

물계자는 머리를 풀고 가야금 하나만 든 채 집을 떠나 사체산으로 들어갔습니다. 물계자는 그 곳에서 조그만 움막을 짓고, 자연을 벗삼아 일생 동안 가야금을 뜯으며 살았습니다.

꾀로써 우산국을 정복한
이사부

마침내 나무 사자가 완성되었습니다. 보기만 해도 뒷걸음을 칠 만큼 아주 험상궂고 사납게 생긴 나무 사자들이었습니다. 이사부는 나무로 만든 사자들을 모두 배 위에 옮겨 싣게 했습니다. 이사부는 끝없이 넓고 푸른 물결을 헤치며 배를 달려 드디어 우산국 해안에 이르렀습니다.

나라를 위해 꾀를 내다

이사부는 태종이라고도 불렸습니다. 성은 김씨로 신라 제17대 내물왕의 4대손이었습니다. 제22대 지증왕 때, 이사부는 국경 지방을 다스리는 벼슬을 맡게 되었습니다.

지혜가 깊고 용맹스러운 이사부는 평소에 우시산국과 거칠산국 두 나라를 쳐부수고, 나라의 땅을 크게 넓혔던 거도(신라 제4대 탈해왕 때의 사람)를 존경했습니다. 시대는 달랐지만 이사부도 거도처럼 나라를 위하여 큰일을 하고 싶었습니다.

이사부는 이웃 나라를 속이기 위해 거도가 했던 것과 같이 해마다 마숙 놀이를 하는 것처럼 꾸며 군사를 훈련시키며 기회를 엿보고 있었습니다. 그러다가 마침내 기회가 오자 가야를 빼앗아 나라의 땅을 넓혔습니다. 이사부는 그것으로 만족하지 않았습니다.

지증왕 13년(513), 이사부는 아슬라주(또는 하슬라주. 지금의 강원도 강릉) 군주가 되었습니다. 이사부는 바다 멀리 떨어져 있는 외딴 섬 우산국(지금의 울릉도)을 정복할 계획도 세웠습니다. 이사부는 우선 부하들을 시켜 우산국을 몰래 살펴보게 했습니다.

우산국을 살펴보고 돌아온 군사들이 보고했습니다.

"군주님, 우산국은 파도가 높고 바닷가에 바위가 많아 배를 대기가 어렵습니다. 또한 우산국 사람들은 성격이 사나워 쉽게 항복하지 않을 것 같았습니다."

"그것 참, 큰일이구나. 그러나 결코 이대로 물러설 수는 없다."

이사부는 꾀를 쓰기로 했습니다.

며칠 동안 생각한 끝에 이사부는 군사들에게 통나무를 잘라 오라고 명했습니다.

영문을 모르는 군사들은 숲 속으로 들어갔습니다. 군사들은 큰 나무들을 골라 자르며 불평을 늘어놓았습니다.

"우산국을 정복하는데 나무는 왜 잘라 오라고 야단일까?"

"도대체 무슨 꿍꿍이속인지 알 수가 있어야지."

"아닐세, 이 사람들아. 우리 이사부님은 예사 인물이 아니야.

반드시 무슨 훌륭한 꾀를 쓸 작정이실 게야."

"글쎄, 그럴지도 모르지. 가야를 정복할 때도 꾀로써 이겼으니까."

"암, 두고 봐야지. 나무나 열심히 자르세그려."

군사들이 아름드리 통나무를 잘라 왔습니다.

이사부는 이번에는 잘라 온 통나무들을 깎아 사자를 만들라고 했습니다.

마침내 나무 사자가 완성되었습니다. 보기만 해도 뒷걸음을 칠 만큼 아주 험상궂고 사납게 생긴 나무 사자들이었습니다.

🌸 우산국을 정복하다

이사부는 나무로 만든 사자들을 모두 배 위에 옮겨 싣게 했습니다. 이사부는 끝없이 넓고 푸른 물결을 헤치며 배를 달려 드디어 우산국 해안에 이르렀습니다.

해안을 지키고 있던 우산국 군사들이 떼를 지어 바닷가로 몰려 나왔습니다.

"뭍에서 적군이 쳐들어왔다!"

"싸우자! 모두 잡아라!"

"와아! 싸우자! 한 발도 물러서지 마라!"

우산국 군사들은 이렇게 고함을 지르며 신라군을 기다리고 있었습니다.

바로 이 때, 이사부는 뱃전에 우뚝 서서 배를 좀 더 해안 가까이로 다가가게 했습니다.

"안 됩니다. 물러나십시오. 위험합니다!"

부하들이 소리쳐 말렸습니다. 그러나 이사부는 조금도 두려워하지 않았습니다. 배가 해안 가까이 다가가자, 이사부는 우렁찬 목소리로 외쳤습니다.

"여기를 보아라. 너희들이 항복을 하지 않는다면 이 맹수들을 섬에 풀어 놓아, 모조리 집어 삼키게 하겠다. 자, 이 맹수들을 똑똑히 보아라!"

우산국 군사들은 사자를 보고 모두 벌벌 떨며 말했습니다.

"아이고, 큰일났다! 저 짐승들을 좀 봐. 귀신보다 더 무섭게 생겼다."

"아이고, 무서워. 저런 사나운 짐승들이 우리 섬으로 쳐들어오면, 무슨 수로 막아 낸단 말인가. 일찌감치 항복을 하는 것이 사는 길이야."

이렇게 하여 우산국은 신라의 땅이 되었습니다.

나라를 위한 이사부의 공은 그치지 않고 계속되었습니다. 진흥왕 11년에는 백제와 고구려 사이에 전쟁이 일어났습니다. 백제가 먼저 고구려의 도살성(지금의 충청남도 천안)을 빼앗자, 고구려는 백제의 금현성을 공격하여 무너뜨렸습니다.

이 때 이사부는 두 나라의 군사가 몹시 피곤한 틈을 타서, 한꺼번에 두 성을 공격하여 두 나라의 군사들을 다 쫓아 냈습니다. 이렇게 하여 도살성과 금현성을 하루 아침에 신라의 땅으로 만들기도 했습니다.

은혜에 보답한 거칠부

거칠부는 혜량이 불경을 설법할 때마다 맨 앞에서 열심히 들었습니다. 혜량의 설법에 거칠부는 많은 것을 깨달았습니다. 거칠부는 다시 한 번 혜량에게 인사를 올리고 신라로 돌아갔습니다.

큰 뜻을 품다

거칠부의 성은 김씨이고, 신라 제17대 내물왕의 5대손입니다. 할아버지는 잉숙이요, 아버지는 이찬 물력이었습니다. 거칠부는 젊었을 때부터 작은 일에 마음을 쓰지 않았습니다. 그는 마음 속에 큰 뜻을 품고 있었습니다.

'세상을 돌아보려면 머리를 깎고 스님이 되는 것이 좋겠어.'

거칠부는 이렇게 생각하고 승려가 되어 발길 닿는 대로 다니며 뜻을 키웠습니다.

거칠부의 발길이 고구려에도 닿았습니다.

'나중에 도움이 될지도 모르니 고구려를 살펴보고 가자.'

거칠부는 고구려의 이곳 저곳을 돌아다니며 고구려의 분위기가 어떤지 열심히 살폈습니다.

그러던 어느 날, 거리에서 이야기하는 사람들을 보았습니다.

"혜량 스님이 절을 새로 여셨대. 그래서 곧 불경을 설법한다고 하던데."

"그 얘기는 나도 들었어. 나도 가서 들으려고 해. 혜량 스님은 정말 뛰어난 덕을 지니신 분이지."

거칠부는 이 소리를 듣고는 부랴부랴 혜량이 계신 절로 찾아갔습니다. 좋은 말씀을 놓치고 싶지 않았기 때문입니다.

거칠부는 혜량이 불경을 설법할 때마다 맨 앞에서 열심히 들었습니다. 혜량의 설법에 거칠부는 많은 것을 깨달았습니다.

그렇게 며칠이 지난 어느 날, 혜량이 거칠부에게 물었습니다.

"그대는 어디에서 왔소?"

"예, 저는 신라에서 왔습니다."

혜량은 거칠부를 잠시 뚫어질 듯 쳐다보았습니다.

그 날 저녁이었습니다. 혜량이 은밀하게 거칠부를 불렀습니다.

거칠부가 방으로 들어가자 혜량

이 다가와 손을 잡았습니다. 주위에는 아무도 없었습니다.

그런데도 혜량은 조심조심하며 작은 목소리로 거칠부에게 말했습니다.

"나는 사람들을 많이 보아서 관상을 좀 볼 수가 있다네. 자네는 생김새를 보아 하니 분명 보통 사람은 아닌 듯하네."

거칠부는 무슨 말인가 하여 혜량의 안색을 살폈습니다.

"혹시 자네 다른 마음을 갖고 여기 온 것은 아닌가?"

순간 거칠부는 깜짝 놀랐습니다. 그 때 고구려는 신라와 적대 관계에 있었기 때문에 만약 자신이 신라 사람이라는 것이 알려지면 목숨이 위험할 수도 있었습니다.

거칠부는 성심껏 자기의 마음을 혜량에게 전했습니다.

"스님, 저에게 다른 마음은 없습니다. 불도의 원리를 듣고 싶었으나 주변에 설법하시는 이가 없어 아직껏 듣지 못했습니다. 그런데 이 곳을 여행하다가 스님의 명성과 덕망을 들었습니다. 저를 내치지 마시고 어리석음을 깨우칠 수 있도록 도와 주십시오."

혜량은 잠시 말이 없이 거칠부를 바라보았습니다.

"나는 참으로 부족한 게 많은 사람일세. 그래도 나는 자네가 보통 사람이 아닌 것을 알아볼 수 있네. 그러니 이 나라가 아무리 작다 해도 그대는 들키게 될 거야. 오늘 그대를 아무도 모르게 부른 것은 그대가 잡힐까 봐 염려되어서네. 빨리 신라로 돌아가게."

거칠부는 혜량의 충고를 받아들였습니다.

"스님의 뜻을 충분히 알겠습니다. 곧 돌아갈 채비를 하겠습니다."

거칠부는 혜량에게 인사하고 몸을 돌이켰습니다.

"잠깐만, 아직 할 얘기가 남았네. 조금만 더 가까이 오게."

거칠부는 혜량 앞으로 다가갔습니다.

"그대 얼굴 상을 보니 제비턱에 매의 눈이네. 그런 사람은 반드시 장수가 된다고 했네. 자네는 후에 신라에서 군사를 이끌고 우리 고구려에 올 걸세. 그 때가 되거든 나를 해치지는 말게나."

이에 거칠부가 목소리를 가다듬어 대답했습니다.

"만일 훗날에 그런 일이 생긴다면 스님을 꼭 살려 드리겠습니다. 저 밝은 해를 두고 맹세합니다."

거칠부는 다시 한 번 혜량에게 인사를 올리고 신라로 돌아갔습니다. 신라로 돌아간 거칠부는 대아찬이라는 높은 지위에까지 이르렀습니다.

🌼 은혜를 갚다

진흥왕 6년(545), 거칠부는 왕명을 받들어 국사(역사책으로 지금은 전하지 않음)를 편찬했습니다. 그 후 대아찬보다 더 높은 파진찬이라는 벼슬을 하게 되었습니다.

진흥왕 12년(551)에 왕은 거칠부 등 8명의 장군을 불러 이렇게 명령했습니다.

"지금이 고구려를 치기에 가장 좋은 때요. 장군들은 백제와 힘을 합쳐 고구려를 공격하도록 하시오."

백제군이 고구려를 공격하여 먼저 승리를 거두었습니다.

거칠부 등 신라의 장수들은 그 기세를 몰아 죽령 이북 고현 이내의 10개 군을 정복했습니다.

신라의 장군들이 승리를 기뻐하며 거리를 막 지날 때였습니다.

한 무리의 사람들이 거칠부에게 다가왔습니다. 맨 앞에 혜량이 있었습니다.

거칠부는 말에서 내려 인사를 올렸습니다.

"스님, 그간 안녕하셨는지요. 이렇게 뜻밖에 만나게 되니 너무도 기쁘옵니다."

혜량이 말했습니다.

"내 자네와 이렇게 만나리라 생각하고 있었네."

"스님의 은혜로 살 수 있었습니다. 스님의 은혜를 어떻게 갚을까 언제나 생각했습니다. 원하시는 것이 있으면 말씀해 주십시오."

"지금 고구려는 정치가 무척 혼란스럽네. 그래서 언제 나라가 멸망할지 알 수 없다네. 나를 신라로 데려가 주게."

이에 거칠부는 혜량을 정중하게 수레에 태워 신라로 돌아왔습니다.

진흥왕은 혜량을 승통(신라 시대에 전 승려의 우두머리를 말함)으로 삼았습니다. 그 때부터 신라에서는 처음으로 백좌강회(많은 승려를 모아 놓고 나라의 평안을 위해 불경을 읽는 법회)와 팔관법(나라와 백성의 발전과 안녕을 비는 국가의 불교 행사, 신라에서는 전쟁터에서 죽은 병사를 위로하는 경우가 많음)이 시작되었습니다.

신라 제25대 진지왕 원년(576)에 거칠부는 상대등(신라의 으뜸가는 벼슬)이 되어 나라의 중대한 일을 맡아서 하다가 78세에 세상을 떠났습니다.

죽은 뒤에도 나라를 걱정한
김후직

이 때 한 신하가 김후직이 죽을 때 자식들에게 유언한 내용을 진평왕에게 말했습니다. 진평왕은 이 말을 듣고 크게 슬퍼하며 눈물을 줄줄 흘렸습니다. 김후직이 살아 있을 때 사냥을 그만 하고 나랏일을 먼저 돌보라고 한 말이 자꾸만 떠올랐습니다.

바른말을 하다

신라 제26대 진평왕 때 김후직이라는 충신이 있었습니다. 김후직의 증조할아버지는 신라 제22대 지증왕이었습니다.

김후직은 이찬이 되었다가 병부령이라는 높은 벼슬을 하고 있었습니다. 병부령이란 오늘날 국방부 장관과 같은 자리입니다.

　진평왕은 나랏일은 팽개치고 눈만 뜨면 사냥터로 달려갔습니다.

　'도저히 안 되겠다. 사냥을 하는 것도 하루 이틀이지. 너무하시는구나. 진실로 나라를 위하고 임금님을 바르게 모시는 신하라면 서슴없이 옳은 말을 해 드려야 한다.'

　김후직은 어떻게 하면 진평왕의 마음을 돌려놓을 수 있을까, 여러 날을 고민했습니다.

　그러던 어느 날, 김후직은 마음을 단단히 먹고 진평왕에게

간곡히 말했습니다.

"예부터 어진 임금님은 아무리 바빠도 나랏일을 먼저 챙겼습니다. 또한 신하들의 말을 귀담아 들으시고 백성들이 편히 살도록 여러 가지 일을 하셨습니다."

김후직은 고개를 한 번 조아리고 나서 큰 소리로 다시 말을 이었습니다.

"지금 대왕께서는 하루도 빠짐없이 사냥을 하십니다. 매나 개를 놓아 꿩과 토끼를 쫓으며 산과 들로 뛰어다니고 계십니다. 중국의 노자는 '말을 달려 사냥을 하는 것은 사람의 마음을 미치게 만든다.'고 했고, 《서경》에서는 '임금이 안에서는 여자들에게 빠지고, 밖에서는 사냥에 몰두하면 망하지 않는 나라가 없다.'고 했습니다."

일찍이 이처럼 목숨을 걸고 바른말을 하는 신하는 없었습니다. 나라를 위하는 마음이 있어도 벼슬에서 쫓겨날까 봐 제 몸만 사리고 그저 임금의 뜻대로 따를 뿐이었습니다.

"대왕마마, 부디 노자의 말과 《서경》의 가르침을 유념하여 주시옵소서."

김후직은 간곡히 말했습니다. 그러나 진평왕은 몹시 화를 내며, 김후직의 말을 듣지 않았습니다.

그 후로도 여러 차례 임금의 마음이 돌아오기를 바라며 말

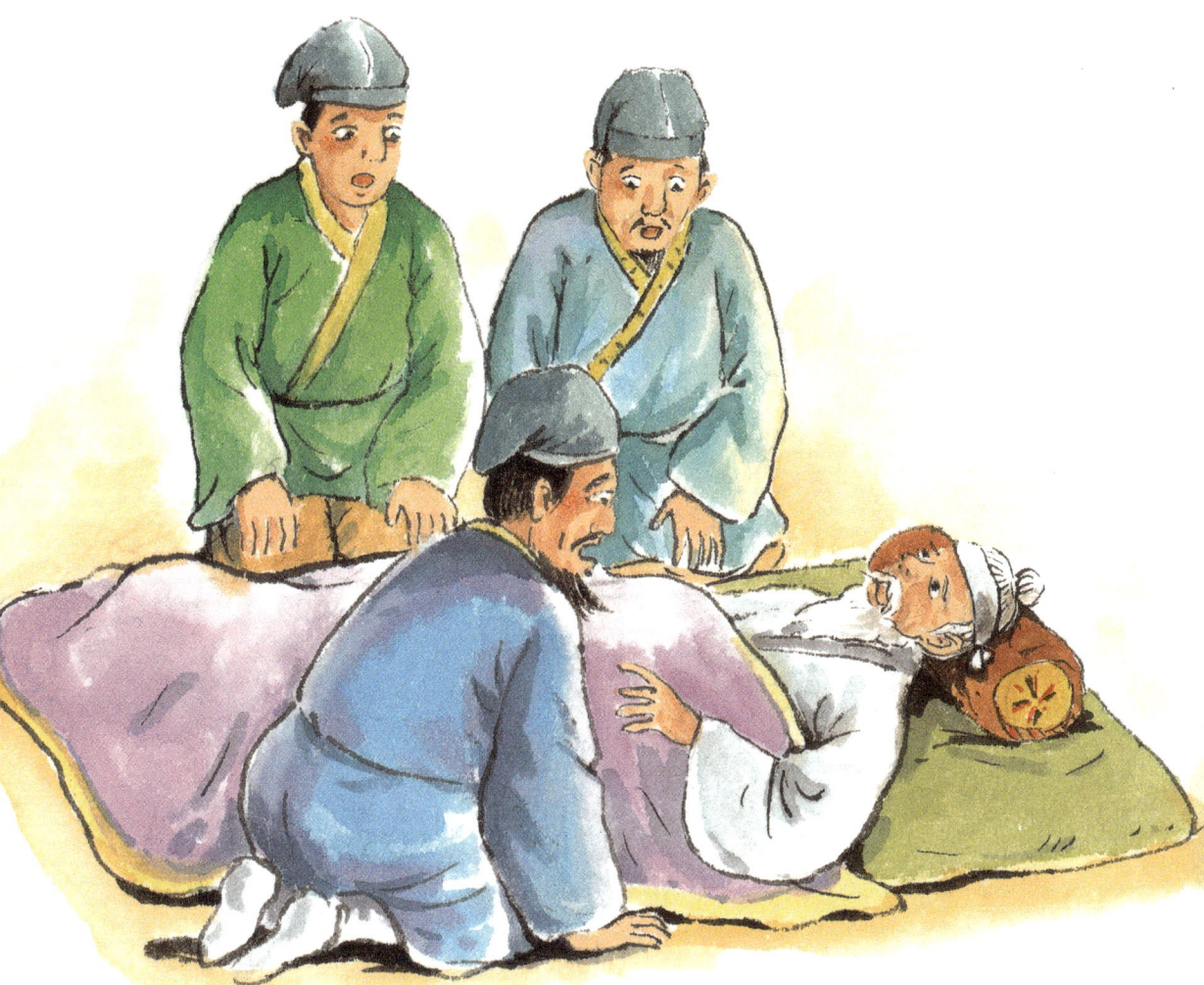

하고 또 말했으나 진평왕은 끝내 김후직의 말을 듣지 않았습니다.

얼마 뒤, 김후직이 중병으로 눕게 되었습니다. 김후직은 세 아들에게 유언을 남겼습니다.

"얘들아, 나는 중신이 되어 임금의 나쁜 점을 바로잡지 못했다. 대왕께서 사냥 놀이만 즐기시니 나랏일이 큰 걱정이다. 앞으로도 대왕의 마음이 돌아오지 않는다면 나라가 망하게 될까 염려된다. 내가 죽거든 내 몸을 꼭 대왕께서 사냥 다니시는 길가에 묻도록 하여라."

김후직이 세상을 뜨자 아들들은 유언에 따라 김후직을 진평왕이 사냥 다니는 길가에 묻었습니다.

죽어서까지 충성하다

그 일이 있은 후에, 진평왕은 또 사냥을 나갔습니다. 그런데 사냥을 가는 길목에서 이상한 소리가 들려오는 것이었습니다.

"가지 마시오."

이런 말소리가 바람결에 은은히 들려왔습니다. 참으로 이상한 일이었습니다. 근처에는 벌판만 펼쳐져 있을 뿐 집 한 채도 볼 수 없었습니다.

"제발, 가지 마시오."

진평왕이 발걸음을 옮기려 하자 또다시 같은 말소리가 들려왔습니다.

이 말을 똑똑히 들은 진평왕은 돌아보며 일행에게 멈추라고 명했습니다.

"어디서 들려오는 말소리냐?"

진평왕이 물었습니다. 그러자 신하들이 소리가 들려오는 곳을 찾아냈습니다.

"저기 김후직의 무덤에서 나는 소리입니다."

그러자 진평왕은 신하들과 함께 김후직의 무덤 앞으로 다가갔습니다.

이 때 한 신하가 김후직이 죽을 때 자식들에게 유언한 내용을 진평왕에게 전했습니다.

　진평왕은 김후직이 세 아들에게 남긴 유언을 듣고 크게 슬퍼하며 눈물을 줄줄 흘렸습니다.

　김후직이 살아 있을 때 사냥을 그만 하고 나랏일을 먼저 돌보라고 한 말이 자꾸만 떠올랐습니다.

진평왕은 말에서 내려 김후직의 무덤 앞에 서서 말했습니다.

"경은 죽어서도 나에게 바른말을 해 주니, 나를 사랑함이 지극하구려. 내가 만일 앞으로도 사냥하는 나쁜 버릇을 고치지 않는다면, 저승에 가서 무슨 낯으로 경을 대하겠소?"

진평왕은 마침내 다시는 사냥을 하지 않겠다고 굳게 결심했습니다. 김후직의 무덤에서 나는 말소리를 듣고 비로소 깨닫게 된 것입니다.

진평왕은 죽은 뒤에도 나라를 걱정하는 김후직의 충성심에 감동했습니다.

그 뒤 진평왕은 나라를 평화롭게 잘 다스렸습니다.

정직한 죽음을 택한
검군

사량궁의 벼슬아치들은 짐짓 뉘우치는 듯이 말하며 검군에게 술잔을 권했습니다. 검군은 그 술잔 속에 무서운 독이 들어 있다는 것을 잘 알고 있었습니다. 하지만 검군은 태연히 독이 든 술잔을 받아 마신 뒤, 피를 토하며 쓰러져 죽었습니다.

🌱 옳지 않은 일에 가담하지 않다

신라 왕궁 가운데 김씨의 시조가 태어난 곳에 세운 궁을 사량궁이라고 했습니다. 사량궁의 벼슬아치들 중에 검군이란 사람이 있었습니다.

검군은 대사(벼슬 이름) 구문의 아들로 일찍부터 화랑 근랑의 무리가 되어 산천을 찾아다니며 몸과 마음을 갈고닦는 데 힘썼습니다.

그런데 신라 제26대 진평왕 49년(627) 8월, 갑자기 서리가 내려 온 들판의 곡식이 시들어 버렸습니다. 이듬해 봄부터 여름 사이에는 가뭄까지 심해졌습니다. 여러 마을에서 굶어 죽는 사람들이 늘어났습니다. 어떤 사람들은 자식을 팔아서까지 목숨을 이어가기도 했습니다.

이렇게 나라 안이 끔찍한 흉년에 시달리고 있을 때였습니다. 어느 날 사량궁의 벼슬아치들이 창예창에 저장해 둔 곡식을 몰래 훔쳐 내었습니다. 벼슬아치들은 훔친 곡식을 서로 나눠 가지기로 미리 약속했던 것입니다.

하지만 검군만은 이 일에 가담하지 않았습니다. 그뿐 아니라 곡식을 나누어 준다고 해도 검군은 받지 않았습니다. 그러자 벼슬아치들은 검군을 둘러싸고 윽박질렀습니다.

"아니, 왜 그러는가? 모두 굶어 죽게 생겼는데 자네만 거절하니 무슨 까닭인가?"

"이것 봐, 자네 혼자서만 양심을 지키겠단 말인가? 참으로 괘씸하군."

"너무 적어서 그러는가? 그렇다면 염려 말게. 좀 더 줄 테니

까, 받으라면 받아. 괜히 혼자서 고집을 피우다 무슨 일을 당하기 진에……."

사량궁의 벼슬아치들이 두 눈을 부릅뜨며 검군을 노려보았습니다. 검군은 조금도 두려워하지 않고 웃으며 말했습니다.

"글쎄, 나는 화랑 근랑의 무리로 수행에 힘써 오면서 크게 깨달은 바가 있네. 아무리 소중한 금덩어리라고 해도 옳은 것이 아니면 마음을 기울여서는 안 된다는 것일세. 그러니 더 이상 나를 괴롭히지 말게."

이렇게 말하고 검군은 사량궁을 나와 근랑을 찾아갔습니다.

억울하게 죽다

사량궁의 벼슬아치들은 서로 머리를 맞대고 꾀를 짜냈습니다.

"허어, 이거 큰일났는데. 검군을 그냥 두면 분명히 비밀이 누설될 게 아닌가?"

"그러니, 어떻게 하면 좋겠는가?"

"할 수 없지 뭐. 살려 두면 우리의 죄가 탄로날 판이니, 쥐도 새도 모르게 죽여 버리세."

"암, 그 수밖에 없어. 빨리 해치우자고."

사량궁의 벼슬아치들은 그렇게 결정하고 사람을 시켜 검군을 불러오게 했습니다.

김군은 바깥에서 사기를 찾는 소리가 들려오자, 근랑을 바라보며 말했습니다.

"그럼 안녕히 계십시오. 오늘 이후로는 다시 만나지 못할 것 같군요."

그 때 이미 검군은 벼슬아치들의 음모를 눈치채고 있었던 것입니다.

"아니, 갑자기 그게 무슨 말씀이오?"

근랑이 놀란 목소리로 계속 물었습니다.

"왜 그런 말씀을 하시오? 어서 말해 보시오. 내게 못 할 말도 있소?"

근랑은 두 번 세 번 다그쳐 물었습니다. 그 때서야 검군은 사량궁의 벼슬아치들 사이에서 일어난 일을 말해 주었습니다.

"그렇다면 왜 관청에 알리지 않소?"

"내가 죽을 것이 두려워서 여러 사람이 벌을 받게 할 수는 없지 않습니까?"

검군이 말했습니다.

"그래요? 그럼, 그대가 도망을 가면 되지 않겠소. 어서 다른 곳으로 피하도록 하시오."

"아닙니다. 그럴 수는 없지요. 잘못은 사량궁의 벼슬아치들에게 있고, 나는 정직한데, 정직한 내가 도망가는 것은 대장부가 할 노릇이 아니지 않습니까."

검군은 이렇게 말하고 벼슬아치들이 부르는 곳으로 찾아갔습니다.

사량궁의 벼슬아치들은 술자리를 마련해 놓고 검군이 오기만을 기다리고 있었습니다. 벼슬아치들은 검군이 나타나자 거짓 웃음을 지으며 반가이 맞이했습니다.

"지난 일은 참으로 미안하게 되었네. 우리가 잘못했네. 용서해 주게."

"우린들 좋아서 그랬겠는가? 가뭄이 심하니 모두 먹고 살려고 한 일 아닌가. 자네가 이해를 해 주게."

"암, 그렇고 말고. 자네야 워낙 마음이 넓으니까, 우리의 처

지를 모를 리 있나. 자, 술이나 한잔 들게."

 사량궁의 벼슬아치들은 짐짓 뉘우치는 듯이 말하며 검군에게 술잔을 권했습니다. 검군은 그 술잔 속에 무서운 독이 들어 있다는 것을 잘 알고 있었습니다. 하지만 검군은 태연히 독이 든 술잔을 받아 마신 뒤, 피를 토하며 쓰러져 죽었습니다.

변명보다 귀양을 택한
실혜

진제는 기회만 있으면 실혜를 모함하기에 바빴습니다. 실혜만 쫓아 내면 자기가 그 자리에 올라갈 수 있었기 때문입니다. 또 항상 바른길을 가려는 실혜가 매우 못마땅했습니다. 진제는 진평왕을 뵐 때마다 실혜를 나쁘게 말했습니다.

🌸 성품이 곧아 바른길을 가다

실혜는 신라 제26대 진평왕 때 상사인이라는 벼슬을 지낸 사람입니다. 실혜의 아버지는 대사 순덕이었습니다.

실혜는 성품이 꼿꼿하여 옳지 않은 일에는 결코 머리를 숙이지 않았습니다.

그런데 실혜의 바로 밑에서 하사인 벼슬을 하는 진제라는 사람이 있었습니다.

실혜는 바른길을 가기 위해 구차하게 행동하지 않았지만,

진제는 그렇지 않았습니다. 그래서 실혜와 진제는 일을 처리할 때 옳고 그름을 놓고 서로 다투기도 했습니다.

진제는 매우 간사하고 아첨을 잘 했습니다. 임금의 곁에서 알랑거리며 비위를 잘 맞춰, 사랑을 받고 있었습니다. 임금의 말이라면 콩을 팥이라고 해도 옳다고 맞장구를 쳤습니다.

진제는 기회만 있으면 실혜를 모함하기에 바빴습니다. 실혜만 쫓아 내면 자기가 그 자리에 올라갈 수 있었기 때문입니다. 또 항상 바른길을 가려는 실혜가 매우 못마땅했습니다.

'쳇, 자기만 제일인 줄 아나. 그런다고 누가 알아줄 줄 알고? 어림없어. 세상은 눈치껏 살아야지. 괜히 바른 소리나 지껄이다가는 결국 자기만 손해를 보는 거야.'

진제는 이런 사람이었습니다.

진제는 진평왕을 뵐 때마다 실혜를 나쁘게 말했습니다.

"실혜는 성질이 급하고 지혜가 모자라 곧잘 기뻐하거나 화를 내어 상사인을 맡을 자격이 없사옵니다. 더구나 고집이 세어, 대왕님의 말씀이라도 제 뜻에 맞지 않으면 결코 따르려 하지 않사옵니다. 실혜의 버릇을 고쳐 놓지 않으면 앞으로 무슨 일을 저지를지 모르옵니다. 그러니 멀리 내쫓았다가 정신을 차리면 다시 벼슬을 주는 것이 옳은 줄 아옵니다."

 예로부터 이르기를, 열 번 찍어서 안 넘어가는 나무가 없다고 합니다. 아첨꾼 진제의 말에 귀가 솔깃해진 임금은 결국 눈

이 어두워지고 말았습니다.

　진평왕은 실혜를 이리석고 고집스러운 신하로 여기게 된 것입니다.

　"실혜의 벼슬을 빼앗고 멀리 귀양을 보내도록 하라."

　진평왕이 명했습니다.

　실혜는 어쩔 수 없이 영림으로 쫓겨가야 했습니다.

억울하게 떠나는 귀양길

　실혜를 잘 아는 사람들은 자기 일처럼 분하게 여기며 안타까워했습니다. 하지만 실혜는 담담했습니다.

　"이런 억울한 일이 어디 있소. 그대야말로 불의를 미워하고 옳은 길만 가는 깨끗한 신하가 아니오? 더구나 그대의 할아버지 때부터 일찍이 나라에 충성을 바쳐 왔지 않은가? 저 진제 따위 아첨꾼의 말에 속아 멀리 험한 지방으로 귀양을 보내다니……. 대왕께 나아가 사실대로 밝혀 여쭙도록 하게나."

그러나 실혜는 조용히 말했습니다.

"옛날 중국 초나라에 굴원이란 사람이 있지 않았소. 굴원은 정직해서 그 때문에 모함을 받아 귀양살이를 했소. 또 진나라 때 이사란 사람은 오직 나라에 충성을 다했지만, 간신배들에게 밀려 극형을 당했다오. 예부터 아첨하는 무리들이 임금을

유혹하면 으레 이런 일이 일어나기 마련이었소. 굳이 변명을 해서 무엇 하겠소. 때가 되면 자연히 밝혀지게 될 테지요."

 실혜는 이렇게 구차한 변명을 한 마디도 하지 않고 귀양지 영림으로 떠났습니다.

당나라에서도 이름을 떨친
김인문

김인문은 당나라와 신라 사이에 일어난 많은 어려운 일들을 뛰어난 지혜와 용기로 잘 해결했습니다. 김인문은 신라는 물론 당나라에서도 큰 인물로 존경을 받았습니다.

🌿 학문, 예술, 무술을 깨우치다

김인문은 신라 제29대 태종 무열왕의 둘째 아들로 태어났습니다. 무열왕의 이름은 김춘추입니다.

무열왕은 김유신 장군과 함께 삼국 통일의 기틀을 닦은 뛰어난 임금이었습니다.

아버지의 핏줄을 그대로 이어받은 김인문은 어려서부터 남달리 총명했습니다.

일찍 공부를 시작한 김인문은

먼저 유교에 관한 책들을 빠짐없이 찾아 읽었습니다. 또 노자와 장자의 글을 이해하고, 불경까지 읽어 깊은 깨달음을 얻었습니다.

그뿐 아니라 글쓰기와 활쏘기, 말타기, 노래에 이르기까지 못 하는 것이 없었습니다. 학문은 물론 예술과 무술도 모든 사람들이 우러러볼 정도로 뛰어났습니다.

당나라에서 이름을 떨치다

김인문은 멀리 중국으로 건너가서 크게 이름을 떨쳐야겠다는 꿈을 가지고 있었습니다. 우물 안 개구리처럼 나라 안에서만 평생을 보낼 수 없다고 생각했습니다. 넓은 중국을 무대로 삼아, 그 동안 갈고 닦아 온 자신의 학문과 예술을 겨뤄 보고 싶었습니다.

제28대 진덕 여왕 5년(651), 김인문은 어느덧 23세의 젊은이가 되어 있었습니다. 어느 날 진덕 여왕이 갑자기 김인문을 불렀습니다.

"그대의 학식과 재주가 뛰어나다고 들은 지 이미 오래로다. 그대는 당나라로 들어가 신라인의 학문과 지혜를 크게 떨쳐 나라의 이름을 더욱 빛나게 하라."

"황공하옵니다. 부족한 능력을 높이 사 주시니 몸 둘 바를 모르겠습니다. 마마의 기대에 어긋나지 않도록 꼭 큰일을 이루겠사옵니다."

김인문은 곧 당나라로 건너갔습니다. 그리고 당나라 황제를 만났습니다. 당나라 황제 고종은 첫눈에 김인문이 뛰어난 인물임을 알았습니다. 황제는 그에게 좌령군위 장군이란 벼슬을 내려주었습니다.

　김인문은 그로부터 3년 동안 당나라에 머물며 높은 학식과 뛰어난 지혜로 널리 이름을 떨쳤습니다. 당나라 황제는 김인문의 많은 공을 인정하여 고국으로 돌아갈 수 있도록 허락했습니다.

백제를 물리치다

　이 무렵 신라는 백제의 군사들이 자주 쳐들어와 많은 고통을 받고 있었습니다. 새로 왕위에 오른 무열왕은 백제의 침략을 막아 내기 위해 온갖 궁리를 다하고 있었습니다. 그 때 아들 김인문이 돌아왔으므로 무열왕은 너무도 기뻤습니다.

　무열왕은 김인문에게 당나라에 도움을 청하라고 일렀습니다.

　김인문은 급히 당나라로 되돌아갔습니다. 김인문은 당나라

황제를 만나 도움을 청했습니다. 김인문의 이야기를 들은 당나라 황제는 많은 군사들을 보내, 백제를 물리치게 했습니다.

소정방은 대총관, 김인문은 부총관이 되어 당나라 군사들을 거느리고 배를 타고 황해를 건너 백제로 쳐들어갔습니다. 동쪽에서는 신라 장군 김유신이 5만 명의 군사를 이끌고 쳐들어갔습니다.

신라와 당나라 연합군의 협공을 받은 백제는 결국 나라를 세운 지 678년 만에 멸망하고 말았습니다.

고구려를 무너뜨리다

김인문은 다시 당나라로 갔습니다. 그런데 이번에는 고구려가 신라를 위협하고 있다는 소식이 들려왔습니다. 김인문은 이 때도 서둘러 신라로 돌아왔습니다. 나라가 위태로운데 남의 나라에 머물고만 있을 수 없었기 때문입니다.

당나라 군사들의 도움을 받은 신라는 고구려를 공격했습니다. 김인문과 김유신은 많은 군사들을 거느리고 마침내 평양성을 포위했습니다.

하지만 고구려도 결코 만만하지 않았습니다. 성문을 굳게 닫아걸고 있어 평양성은 좀처럼 함락되지 않았습니다. 겨울이 되자 큰 눈이 내리기 시작했습니다. 당나라 군사들은 물러가 버리고 성 주변에는 신라 군사들만 남게 되었습니다.

이렇게 되자 신라 군사들도 후퇴를 하지 않을 수 없었습니다. 그런데 고구려 군사들이 갑자기 공격해 올 것이라는 소식이 들려왔습니다. 김인문은 김유신과 함께 깊은 밤을 틈타 신라 군사들을 모두 후퇴시켰습니다.

고구려 군사들은 이튿날이 되어서야 그 사실을 알고 맹렬히 추격해 왔습니다. 그런데 김인문이 후퇴를 하다 말고 갑자기 군사들을 되돌려 반격을 하자, 고구려 군사들은 당황하며 우왕좌왕했습니다. 김인문은 이 틈을 이용하여 더욱 세차게 공격했습니다. 싸움이 끝나고 평화가 찾아왔습니다. 김인문은 다시 당나라로 갔습니다.

김인문은 몇 해 뒤 당나라 군사들과 함께 한 번 더 고구려를 공격할 계획을 세웠습니다. 다시 신라로 돌아온 김인문은 문무왕의 명을 받아 20만 명의 군사를 이끌고 북한산성에 진을 치고 당나라 군사들을 기다리고 있었습니다.

이윽고 당나라 군사들이 도착했습니다. 나당 연합군은 평양성으로 힘차게 진격했습니다. 그러나 평양성은 이번에도 쉽게 무너지지 않았습니다. 치열한 공격과 방어가 거듭되는 가운데 싸움은 한 달 동안이나 계속되었습니다. 한 달 만에 마침내 고구려 군사들은 항복했습니다. 평양성이 무너지고 고구려가 멸망한 것입니다.

김인문은 뛰어난 지혜와 용기로 당나라와 신라 사이에 일어난 많은 어려운 일들을 잘 해결했습니다. 김인문은 신라는 물론 당나라에서도 큰 인물로 존경을 받았습니다.

김인문은 66세에 죽음을 맞이했는데, 일생 동안 무려 일곱 차례나 신라와 당나라 사이를 오갔습니다. 당나라에 머무른 세월만 해도 22년이나 되었습니다.

바른말로 병을 치료한
녹진

녹진은 계속해서 간곡히 말했습니다. "또한 벼슬을 주고 빼앗는 것도 반드시 저울대와 같이 공평하고 먹줄과 같이 곧게 해야 합니다. 이렇게 하면 나라가 화평하며 질서가 잡힙니다. 그런데도 약에만 매달려 나랏일을 놓고 있어서야 되겠습니까?"

🌸 바른말을 하기 위해 때를 기다리다

녹진은 신라 제41대 헌덕왕 때의 충신이었습니다. 녹진은 23세가 되어서야 뒤늦게 벼슬을 하게 되었습니다.

녹진은 여러 벼슬을 거쳐 헌덕왕 10년(818)에 나라의 기밀을 담당하는 집사부의 집사시랑이라는 매우 높은 지위에 오르게 되었습니다.

그 때 나라 안에서 제일 높은 벼슬인 상대등을 맡고 있는 각간 충공이라는 사람이 있었습니다. 모든 벼슬자리가 충공의 마음 먹기에 달려 있었습니다. 따라서 좋은 자리를 차지하려면 반드시 충공에게 잘 보여야 했습니다.

어느 날 일을 마치고 돌아온 충공은 갑자기 병이 들어 자리에 눕게 되었습니다. 나라 안에서 가장 유명한 의원을 불러 진찰을 했습니다.

"각간님의 병환은 심장에 있는 듯하옵니다. 절대로 사람을 만나지 말고 조용히 누워 계셔야 하옵니다."

충공은 의원의 말을 따르기로 했습니다. 충공은 3주일 동안이나 방 안에 가만히 드러누워 있으면서 아무도 만나지 않았습니다. 그러나 어떻게 된 까닭인지 충공의 병은 좀처럼 회복되지 않았습니다.

이 때 녹진이 충공을 찾아갔습니다.

"각간님의 병환은 어떠하신가? 내가 뵈옵고자 한다고 말씀드려 주게나."

"각간님께서는 지금 병환이 매우 위중하시어 아무도 만날 수가 없사옵니다. 그렇게 아시고 돌아가 주십시오."

"이 사람아. 내가 어디 그것을 모르고 여기까지 찾아온 줄 아는가. 허나 내가 직접 만나 뵙고 각간님의 답답한 심정을 풀어 드리려고 하는 것이니, 들어가서 여쭤 보게."

녹진은 다시 이렇게 부탁했습니다.

"그래도 안 됩니다. 그만 물러가십시오."

"허어, 이 사람아. 그러니까 안에 들어가서 각간님께 한번 여쭤 보라고 하지 않는가. 각간님께서 내 말을 한번 들으신다면 그 자리에서 병환이 감쪽같이 낫게 될 텐데 그래도 물리칠 셈인가? 어서 들어가서 여쭤 보게."

🌸 마음의 병을 고치다

녹진은 두 번 세 번 거듭 부탁을 했습니다. 그 때서야 하인은 충공에게 말해 만날 수 있게 했습니다.

"어서 오시오. 어쩐 일로 나를 만나려고 하시오?"

충공이 힘없이 말했습니다.

"예, 병환 중에 죄송하옵니다. 어찌해서 이렇게 되셨습니까? 일을 많이 하셔서 피로가 쌓여 건강을 해치게 된 것은 아니옵니까?"

"글쎄, 그런 것 같지는 않소. 다만 정신이 흐릿하여 개운하지 않을 뿐이오."

"그렇다면 각간님의 병환은 약이나 침술로는 고칠 수가 없을 것 같사옵니다. 뭔가 다른 방법을 써야 할 것 같습니다."

"그대가 굳이 이렇게 찾아와 주었으니, 내 가슴 속을 좀 시원히 씻어 주길 바라오."

"예, 잘 알겠습니다. 목수가 집을 지을 때 재목을 어떻게 사용합니까? 큰 것은 기둥으로 삼고 작은 것은 서까래로 삼습니다. 휜 것, 곧은 것도 마찬가지로 각기 적당한 자리에 사용하게 됩니다. 그래야만 튼튼하고 보기 좋은 큰 집이 지어지는 것입니다. 나랏일도 이와 크게 다를 바가 없습니다. 예부터 어진 임금은 나라를 다스릴 때, 큰 인재는 높은 직위에 두고 작은 인재에게는 가벼운 직책을 맡겼습니다. 오직 그 사람의 능력에 따라 공평하게 자리를 내린 것이니, 아무도 불평할 수가 없었습니다. 또한 윗사람과 아랫사람 사이에 질서가 뚜렷하니, 나랏일이 절로 잘 되었습니다."

녹진은 계속해서 간곡히 말했습니다.

"그런데 요즘은 그렇지가 못한 듯하옵니다. 마음에 들면 학식이 모자라도 높은 자리를 주고, 또 마음에 안 들면 아무리 유능한 인재라고 해도 보잘 것 없는 자리를 갖게 됩니다. 이렇듯 질서가 없으면 나라가 어지러워질 뿐이옵니다. 그 일을 하는 사람도 불안하고 고단하여 자연히 병이 들게 마련입니다.

뇌물을 물리치셔야 하고, 벼슬을 올려 주고 내려 주는 것은 오직 능력에 따라야 할 것이옵니다. 또한 벼슬을 주고 빼앗는 것도 반드시 저울대와 같이 공평하게 해야 합니다. 이렇게 하면 나라가 화평하며 질서가 잡힙니다. 그런데도 약에만 매달려 나랏일을 놓고 있어서야 되겠습니까?"

충공은 의원을 물리치고 자리에서 일어나 곧 대궐로 들어갔습니다.

"경은 병이 위중해 약을 먹고 있다고 들었는데, 어떻게 이렇게 나오게 되었소?"

충공을 본 헌덕왕이 의아해하며 물었습니다.

"예, 녹진의 말을 듣고 갑자기 일어나게 되었사옵니다."

충공은 그 동안 일어났던 일을 자세히 말씀드렸습니다.

헌덕왕은 기쁨을 감추지 못했습니다.

"과인이 임금이고 경이 상대등이 되었는데, 이렇게 바른말을 하는 사람이 있으니 얼마나 다행스러운 일인가."

헌덕왕은 녹진을 크게 칭찬했습니다.

신무왕의 즉위를 도운
김양

김양이 지나가는 곳마다 장수와 군졸들이 앞다투어 모여들었습니다. 마침내 서라벌 부근에서 새 임금 노릇을 하고 있던 김명(신라 제44대 민애왕)의 군사들과 싸움이 벌어졌습니다. 날쌔고 용감한 김양의 군사들은 단숨에 민애왕의 군사들을 무찌르고 왕의 목을 한칼에 베었습니다.

백성에게 칭송을 받다

김양은 신라 제42대 흥덕왕 때 사람으로 태종 무열왕의 9대 손이었습니다. 김양의 증조할아버지는 이찬 주원, 할아버지는 소판 종기, 아버지는 파진찬 정여로 모두 높은 벼슬을 지냈습니다.

김양은 어릴 때부터 주변 사람들로부터 씩씩하고 용기 있는 아이라는 칭찬을 들었습니다. 장차 큰 일을 이룰 사람으로 인정받고 있었습니다.

김양은 흥덕왕 3년(828)에 고성 태수가 되었습니다. 이어 중원(지금의 충청북도 충주) 대윤에 올랐으며, 얼마 뒤에는 무주(지금의 광주광역시) 도독으로 벼슬이 올랐습니다.

김양은 언제나 백성을 사랑하고 올바른 정치를 하여 가는 곳마다 크게 이름을 떨쳤으며, 많은 백성들의 칭송이 끊이지 않았습니다.

그런데 흥덕왕이 왕위에 오른 지 11년 만에 세상을 떠나게 되었습니다. 불행하게도 대를 이을 왕자가 없어 조정에서는 큰 혼란이 일어났습니다.

흥덕왕의 사촌 동생인 균정과 조카인 제륭이 서로 왕위에 오르려고 하여 큰 싸움이 벌어졌습니다.

이 때 김양은 균정의 아들 아찬 우징, 균정의 매부 예징과 함께 균정을 왕으로 세우려 했습니다. 왕족 가운데서 균정이 가장 어질고 슬기로웠기 때문이었습니다. 김양은 마땅히 그런 사람이 나라를 다스려야 한다고 믿었던 것입니다.

김양은 뜻을 같이하는 사람들과 힘을 모았습니다.

김양은 새로 왕이 될 균정을 적판궁으로 모시고 들어가 지키고 있었습니다.

그런데 제륭을 받드는 김명, 이홍 등이 많은 군사들을 이끌고 몰려와 적판궁을 포위했습니다.

김양은 이에 맞서 싸우기 위해 군사들을 데리고 성문 밖으로 나갔습니다. 김양은 말 위에 올라 우렁찬 목소리로 외쳤습니다.

"들거라. 새 임금님이 우리와 함께 여기 계신다. 너희들은 어찌하여 이와 같이 무례한 행동을 저지르는가? 썩 물러가도록 하라!"

그러나 제륭의 무리들도 호락호락하지 않았습니다. 자기 편 군사들이 훨씬 많고 강하다는 것에 우쭐해진 제륭의 무리들은 오히려 코웃음을 쳤습니다.

"닥쳐라. 무슨 잠꼬대 같은 소리를 지껄이는가. 새 임금님은

우리가 모시고 있는데, 감히 딴마음을 품다니, 어서 성문을 열어라!"

순식간에 싸움이 벌어졌습니다. 김양은 재빨리 활을 당겨 한꺼번에 수십 명이나 쓰러뜨렸습니다. 김양은 번개처럼 말을 달리며 용감하게 싸웠습니다. 그러다가 김양은 그만 제륭의 부하 배훤백이 쏜 화살에 다리를 맞고 쓰러졌습니다.

"저쪽은 군사가 많고 우리는 적으니 저 놈들을 도저히 막아 낼 수가 없소. 공은 물러나는 체하여 뒷날에 다시 일어설 계획을 세우시오. 어서 이 자리를 피하시오."

균정이 재촉했습니다.

김양은 눈물을 삼키며 포위망을 뚫고 나와 달아나기 시작했습니다. 그러나 뒤에 남은 균정은 제륭을 따르는 군사의 칼날에 맞아 목숨을 잃고 말았습니다.

제륭이 왕위에 올라 제43대 희강왕이 되었다는 소식을 전해 들은 김양은 칼을 잡고 하늘을 향해 울부짖었습니다.

"아아, 오늘의 이 원한은 반드시 갚고 말 것이다."

김양은 입술을 깨물며 굳게 맹세했습니다.

김양은 깊은 산속에 묻혀 오직 때가 오기만을 기다리고 있었습니다.

어질고 슬기로운 임금을 세우다

신라 제43대 희강왕 2년(837) 8월, 균정의 아들 우징은 남은 군사들을 데리고 청해진으로 들어가 청해진 대사 장보고에게 도움을 청했습니다. 장보고는 기꺼이 힘을 합해 원수를 갚는 데 앞장설 것을 약속했습니다.

이 소식을 전해 들은 김양은 곧 군사들을 끌어모아 청해진으로 달려갔습니다. 우징은 군사들을 이끌고 청해진까지 달려온 김양의 손을 힘차게 잡았습니다.

"잘 왔소. 이제야 때가 된 것 같소. 우리의 원수를 갚고 백성들이 모두 잘 사는 나라를 세웁시다."

김양은 마침내 5000명이나 되는 많은 군사들을 이끌고 싸움터로 떠났습니다. 먼저 무주성을 빼앗고, 다음에는 남원성에서 제륭의 군사들을 크게 무찔렀습니다. 그러나 너무 오래 전쟁에 시달리면 군사들이 피로에 지칠까 봐, 김양은 군사들을 이끌고 다시 청해진으로 돌아왔습니다.

 겨울이 되자 우징이 새 임금이 된다는 소문이 널리 퍼졌습니다. 서쪽 하늘에서 혜성이 나타나고, 동쪽에는 각성이라는 별이 나타났습니다. 그러자 사람들은 입을 모아 좋은 일이 있을 것이라고 말했습니다.

"이는 원수를 갚고 부끄러움을 씻게 될 좋은 징조야."

우징과 김양은 드디어 때가 왔다고 생각했습니다.

백성들의 마음이 자기 편이라는 것을 확인한 김양은 다시 군사들을 이끌고 서라벌을 향해 떠났습니다.

김양이 지나가는 곳마다 장수와 군졸들이 앞다투어 모여들었습니다. 마침내 서라벌 부근에서 새 임금 노릇을 하고 있던

김명(신라 제44대 민애왕)의 군사들과 싸움이 벌어졌습니다.

날쌔고 용감한 김양의 군사들은 단숨에 민애왕의 군사들을 무찌르고 왕의 목을 한칼에 베었습니다.

드디어 원수를 갚게 된 것입니다.

김양은 의기양양해져 사람들을 함부로 해치려고 하는 군사들을 모두 불러모았습니다.

"모두 듣거라. 원수를 갚기 위해 오늘을 기다렸다. 이제 그토록 바라던 대로 원수의 우두머리가 처형되었다. 더 이상 피를 흘리지 않도록 하라. 모든 백성들이 편안히 살 수 있도록 해야 하느니라."

이렇게 김양은 엄숙히 명령했습니다.

이 때 지난 싸움에서 김양의 다리를 화살로 맞혔던 배훤백이 사로잡혀 왔습니다.

김양은 포로가 된 배훤백을 불러 점잖은 목소리로 말했습니다.

"개는 제 주인이 아니면 으레 짖기 마련이다. 그대는 그대의 주인을 위해 나를 쏘았으니, 무슨 죄가 있겠느냐. 오히려 의리를 지킨 장수로 칭찬을 받아 마땅할 것이니, 이제는 나와 더불어 새 나라를 위해 충성을 바치도록 하라."

이 소문을 들은 사람들은 한결같이 김양의 넓고 깊은 마음에 감동했습니다.

"배훤백을 그처럼 반겨 주는데, 다른 사람들이야 무슨 걱정이 있을 것인가."

백성들은 모두 김양을 우러러보았습니다.

김양은 왕궁을 되찾아 새로 단장한 뒤, 우징을 새로운 왕으로 모셨습니다. 우징은 곧 신라 제45대 신무왕이었습니다.

어린이 삼국사기 4

1판 1쇄 인쇄 | 2007. 3. 26.
1판 13쇄 발행 | 2018. 8. 27.

어린이 삼국사기 편찬위원회 글 | 최수웅 그림
한국역사연구회 추천 및 감수

발행처 김영사 | 발행인 고세규
등록번호 제 406-2003-036호 | 등록일자 1979. 5. 17.
주소 경기도 파주시 문발로 197(우10881)
전화 마케팅부 031-955-3100 | 편집부 031-955-3113~20 | 팩스 031-955-3111

ⓒ 2007 김영사
이 책의 저작권은 김영사에게 있습니다.
서면에 의한 김영사의 허락 없이 내용의 일부를 인용하거나 발췌하는 것을 금합니다.

값은 표지에 있습니다.
ISBN 978-89-349-2275-9 74900

좋은 독자가 좋은 책을 만듭니다. 김영사는 독자 여러분의 의견에 항상 귀 기울이고 있습니다.
독자의견전화 031-955-3139 | 전자우편 book@gimmyoung.com | 홈페이지 www.gimmyoungjr.com
어린이들의 책놀이터 cafe.naver.com/gimmyoungjr | 드림365 cafe.naver.com/dreem365

어린이제품 안전특별법에 의한 표시사항

제품명 도서 제조년월일 2018년 8월 27일 제조사명 김영사 주소 10881 경기도 파주시 문발로 197
전화번호 031-955-3100 제조국명 대한민국 ⚠주의 책 모서리에 찍히거나 책장에 베이지 않게 조심하세요.